LETTRE

DE

M. LE COMTE AGÉNOR DE GASPARIN

MEMBRE DE LA CHAMBRE DES DÉPUTÉS,

SUR

UNE QUESTION SOULEVÉE PAR L'ESPÉRANCE.

PARIS
IMPRIMERIE C.-H. LAMBERT,
RUE BASSE-DU-REMPART, 24.

1843

LETTRE

DE

M. LE C^{TE} A. DE GASPARIN

MEMBRE DE LA CHAMBRE DES DÉPUTÉS,

SUR UNE QUESTION SOULEVÉE PAR L'ESPÉRANCE.

Genève, 27 novembre 1843.

MONSIEUR ET CHER FRÈRE,

Ce n'est qu'à regret et avec un véritable sentiment d'humiliation, que, cédant au désir qui m'a été exprimé par quelques amis de nos églises, je viens essayer de rétablir des vérités dont l'évidence même rend la démonstration difficile, des vérités admises naguère par tous nos coreligionnaires, et qu'on semble être parvenu à obscurcir pour plusieurs esprits. Je n'avais pas cru jusqu'ici qu'on pût nous contraindre à prouver ce que proclamaient à l'envi, et le vote unanime de la conférence pastorale de Paris en 1842, et les déclarations, unanimes aussi, que contenaient les adhésions et les refus d'adhésions adressés à la *Société des Intérêts généraux*, et les nombreuses pétitions envoyées aux chambres, et les protestations plus nombreuses qui les avaient précédées; savoir, que la défense des droits extérieurs de notre église est au nombre de ses devoirs importants, qu'après l'avoir trop longtemps négligée, il faut qu'elle s'en occupe avec ensemble, avec force, avec dignité, et qu'elle maintienne surtout le principe vital de la liberté des réunions religieuses.

J'ai éprouvé une douloureuse surprise en voyant que des frères bien-aimés, qui partagent les convictions évangéliques, sur lesquelles repose la *Société des Intérêts généraux*, se sont crus tenus de faire diversion (avec les meilleures intentions sans doute) au mouvement, si contrarié, si difficile déjà, du protestantisme français; qu'ils n'ont pas hésité à jeter le trouble dans les consciences, à contester, à affaiblir le sentiment qui nous crie de revendiquer la liberté des cultes et les droits méconnus de notre Eglise; qu'ils ont eu le courage d'entraver l'accomplissement d'un pareil devoir; et cela, au moment où les circonstances rendent cet accomplissement plus pressant à la fois et plus pénible; au moment où la religion d'État se reconstitue rapidement sous nos yeux, où les ordres catholiques romains pénètrent de toutes parts dans les prisons et dans les écoles, où un seul culte règne en despote dans les hôpitaux, où des écoles normales sont placées sous la direction de prêtres catholiques romains; où des chaires de philosophie et d'histoire leur sont confiées dans les colléges, tandis qu'elles sont fermées aux protestants; où des refus systématiques semblent atteindre nos demandes trop motivées d'écoles spéciales, de prisons spéciales, d'hospices spéciaux; où la tribune, la presse, le gouvernement lui-même proclament, pour la première fois depuis 1830, qu'en dépit de la Charte, nos intérêts politiques sont liés à ceux du culte romain, et que la France, catholique au dehors, n'a plus aujourd'hui cette liberté d'allure, cette indépendance à l'égard des communions rivales, dont elle jouissait il y a 200 ans, sous l'administration des Cardinaux; où l'on ose enfin resserrer l'interprétation déjà si étroite de la garantie constitutionnelle, qui, en assurant la liberté de chaque culte, permet à la minorité religieuse de combattre partout, au moyen des réunions volontaires, le culte de la majorité qui existe partout au moyen de son organisation officielle.

C'est dans un tel moment, c'est en présence d'une telle situation, qu'on est venu, au nom de l'union, rompre le faisceau, laborieusement formé, de volontés autrefois isolées et divergentes à cause de leur isolement; qu'on est venu, au nom de l'énergie et du dévouement chrétien, prêcher le découragement, flatter le sens charnel de nos frères, et inviter des hommes, que les murmures excités par leurs premières plaintes ont froissés peut-être, à se réfugier dans l'estime que le monde réserve à leur silence modeste et repentant; qu'on est venu, au nom de la logique, démontrer que l'Eglise entière s'était trompée en croyant avoir des droits, en attachant du prix à leur maintien, en s'imaginant que la vie intérieure s'accordait fort bien avec la défense énergique de ses moyens de manifestation, que la confiance en Dieu n'excluait pas la conservation et la mise en valeur des ressources humaines qu'Il a daigné nous assurer; qu'on est venu, au nom de l'Evangile, subordonner la prédication de l'Evangile au bon plaisir du gouvernement, et reconnaître à celui-ci une autorité discrétionnaire, quand l'Eglise presque entière, quand plusieurs tribunaux, quand d'anciens ministres du roi la déclarent nulle et inconstitutionnelle; sauf (dit-on) à braver plus tard cette autorité, quand elle aura été consacrée et pratiquée sans contestation!

On invoque l'exemple des Apôtres. On recommande le *respect de l'ordre humain;* et cet *ordre humain*, ce n'est pas la Charte; c'est un simple arrêt de la cour de cassation; un arrêt sur lequel cette cour elle même (dont la jurisprudence a si souvent varié) peut revenir d'un moment à l'autre, et qu'aucune cour du royaume n'est tenue de respecter!

L'exemple des Apôtres! mais il ne faut que relire les chapitres quatrième et cinquième des *Actes*, pour voir ce qu'ils pensaient de *l'ordre humain*, et comment ils alliaient au respect des puissances établies, à la condamnation de toute résistance factieuse et violente, la condamnation non moins absolue de ces doctrines qui reconnaissent au gouvernement d'un pays le droit d'autoriser en tel lieu, de défendre en tel autre, la prédication de la bonne nouvelle.

Les Apôtres *parlaient au peuple*, quand les sacrificateurs et le capitaine du temple et les Sadducéens survinrent, et les ayant arrêtés, les mirent en prison. Puis, les ayant fait comparaître devant les gouverneurs, les anciens, les scribes, et tous ceux qui étaient de la race sacerdotale, ceux-ci leur commandèrent de ne plus parler ni enseigner, en aucune manière, au nom de Jésus. Mais Pierre et Jean, répondant, leur dirent: *Jugez s'il est juste, devant Dieu, de vous obéir plutôt qu'à Dieu.* Alors il les relâchèrent avec menaces, et les Apôtres venant vers les leurs, ils élevèrent tous ensemble la voix et demandèrent à Dieu de leur donner *d'annoncer sa parole avec toute hardiesse.* Bientôt après, le souverain sacrificateur et ceux qui étaient avec lui, voyant que les prédications défendues n'avaient pas discontinué, mirent la main sur les Apôtres et les firent conduire à la prison publique. Mais, l'ange du Seigneur ouvrit de nuit les portes de la prison, et les ayant mis dehors, il leur dit: *Allez, et vous présentant dans le temple, annoncez au peuple toutes les paroles de cette vie.* Le lendemain, le conseil s'étant réuni, quelqu'un survint qui leur dit: Les hommes que vous avez mis en prison sont au temple, et se tenant là, ils enseignent le peuple. Alors, le capitaine du temple s'en alla avec les huissiers et les amena, et le souverain sacrificateur les interrogea, disant : Ne vous avons-nous pas défendu expressément d'enseigner en ce nom? Mais Pierre et les autres Apôtres répondant, dirent : *Il faut plutôt obéir à Dieu qu'aux hommes.* Ils leur défendirent de nouveau, après les avoir fouettés, de parler au nom de Jésus ; et les Apôtres se retirèrent de devant le Conseil, joyeux d'avoir été rendus dignes de souffrir des opprobres pour le nom de Jésus, et *ils ne cessaient tous les jours d'enseigner et d'annoncer Jésus-Christ dans le temple et de maison en maison.*

Voilà l'histoire des Apôtres. Voici notre histoire, à nous.

Comme les Apôtres étaient placés au milieu des Juifs et des païens, dont la conversion devait s'accomplir par leur moyen, nous sommes placés au milieu des catholiques romains et des incrédules, auxquels nous sommes chargés d'annoncer le pur Evangile. Les ordres du Seigneur s'adressent à nous comme aux Apôtres, et notre mission en France ne semble pas moins nécessaire que leur mission en Judée. Or, cette mission en dehors des troupeaux protestants, *ne sera jamais autorisée par l'administration publique.* Les ministres ou les Chambres, qui sanctionnent notre culte, ne sanctionneront pas plus notre propagande, que le sanhédrin ne sanctionnait celle des Apôtres. Nous l'avons compris, et nous avons essayé de suivre l'exemple des Apôtres. Nous sommes *montés au temple.* Nous avons *parlé au peuple.* En agissant ainsi, nous avons pu invoquer, non pas seulement les anciens usages auxquels les Apôtres s'étaient conformés et qui permettaient de prendre la parole dans les synagogues ou dans les portiques du temple; mais, une loi positive, la loi fondamentale de notre pays ; et non-seulement le texte de cette loi, mais l'interprétation qui, dans une discussion solennelle, lui a été donnée par le gouvernement et a été acceptée par les Chambres législatives. Or, il est arrivé, qu'en exécutant ainsi dans quelques lieux les commandements de Jésus-Christ, nous avons été arrêtés, condamnés comme les Apôtres. Ils avaient été battus de verges; nous avons payé de faibles amendes. On leur avait unanimement déclaré que leurs réunions étaient illégales; on s'est partagé sur l'illégalité des nôtres, et quoique le plus grand nombre nous ait été contraire, les suffrages qui nous ont été favorables ont un tel poids, les termes de la constitution sont si formels, que la question est loin de sembler tranchée. Eh bien! Il a suffi de ce faible échec; il a suffi d'un vote négatif dans une Chambre, d'un habile refus de discussion dans une autre, et de l'inévitable division qui s'est manifestée parmi les pairs et les députés de notre croyance, pour ébranler nos résolutions si vigoureuses. Nos prédications défendues ont cessé dans les lieux où des arrêts sont venus les atteindre. Nous n'avons plus jugé convenable de *monter au temple*, et à présent nous construisons de magnifiques théories, afin de justifier nos faiblesses en les systématisant; nous démontrons qu'il ne faut plus revendiquer notre droit, et en même temps nous ne recommandons pas d'en faire usage; nous démontrons qu'il ne faut plus pétitionner, et en même temps nous ne disons pas qu'il faille prêcher. Nous démontrons qu'il ne faut plus contester les défenses, mais nous ne soutenons pas qu'il faille les braver. Nous démontrons qu'il ne faut plus tant de paroles, mais nous ne poussons pas à l'action. Nous démontrons qu'il faut obéir aux hommes, mais nous oublions qu'il faut obéir à Dieu. Et nous invoquons l'exemple des Apôtres!

Les théories auxquelles je viens de faire allusion ont varié avec les circonstances, ou pour mieux dire, elles se sont progressivement et logiquement développées jusqu'aux conséquences extrêmes que leurs honorables auteurs auraient repoussées eux-mêmes au début.

D'abord, ils ne condamnaient que l'étendue et les bases de nos réclamations relatives à la liberté des cultes. Quant à l'étendue, ils voulaient la restreindre aux églises salariées par l'Etat, et abandonner le droit des indépendants, ne comprenant pas que la liberté religieuse n'est solide pour personne tant qu'elle n'appartient pas à tout le monde. Quant aux bases, ils voulaient les chercher dans la loi organique au lieu de les chercher dans la Charte; ne comprenant pas que la seconde proclame en termes formels ce que l'argumentation seule (et une argumentation subtile) peut découvrir dans la première; qu'une reconnaissance explicite a mille fois plus de force qu'une reconnaissance par prétérition; qu'il est aussi naturel de chercher une liberté dans la Charte de 1814 et 1830, que singulier d'en chercher une dans la loi organique *de l'an X;* qu'il est aussi légitime de puiser un droit absolu dans les déclarations générales d'une constitution, qu'irrationnel de chercher dans une loi d'organisation le droit de franchir les limites de cette organisation même; qu'il est aussi simple de dire : « Aux termes de la Charte, nous avons tous, nationaux et indépendants, la faculté de célébrer partout notre culte, sous la surveillance de la police et sauf la répression des délits, » que bizarre de dire : « Aux termes de la législation de l'an X, les consistoires qu'elle institue ont la faculté de comprendre dans leurs travaux les vingt-deux départements, par exemple, qui sont exclus de leur circonscription. » Il y a plus. Les auteurs des théories que nous sommes appelés à combattre ont-ils assez réfléchi à la différence existant entre la Charte dont, dans une discussion solennelle (celle de la loi sur les associations), le vrai sens a été unanimement reconnu par tout un Cabinet, par les deux Chambres; et la législation de l'an X, qui n'a été interprétée encore que par eux seuls? Ont-ils assez réfléchi à la distance qui sépare la Charte immuable, et une simple loi sur laquelle on ne saurait rien appuyer que ne puisse emporter le premier vote, la première réaction?

Mais cette théorie devait mener plus loin. Née d'un sentiment sincère de doute à l'égard du droit de manifester, de pratiquer toutes les croyances, elle devait engendrer promptement la négation complète de ce droit; et c'est ce qui a eu lieu. On n'a pas tardé à dire, qu'il convenait de se soumettre aux prétentions du gouvernement, et de solliciter son autorisation avant d'ouvrir des réunions religieuses. En donnant ce déplorable conseil, on n'en ignorait pas la portée. On savait que le droit de permettre emportait le droit d'interdire; que l'autorisation préalable était inconciliable avec la liberté des cultes, comme la censure préalable avec la liberté de la presse. On savait que les réserves (mentales ou non) n'avaient aucune force en présence de faits contraires, accomplis de notre consentement, à notre demande, sur notre provocation. Or, voici les compensations qu'on nous offrait en échange de notre liberté : Lorsque les maires ne se montreront pas assez larges dans l'octroi des permissions, nous pourrons en appeler aux préfets. Lorsque les préfets ne se montreront pas assez larges, nous pourrons en appeler aux ministres. Enfin, lorsque les ministres ne se montreront pas assez larges, nous pourrons en appeler aux Chambres (car ce système, si ennemi des pétitions quand la cause est entière, nous promet de les ramener quand la cause sera compromise sans retour). Et quelle sera la question posée devant les préfets, les ministres et les Chambres? Une question de droit? Nullement. Une question de libéralité plus ou moins grande à apporterdans l'exercice du pouvoir discrétionnaire de l'administration. Quelle sera l'extrême limite des faveurs que nous pourrons espérer? La recommandation de traiter momentanément les réunions religieuses avec moins de rigueur. Rien de fixe, rien de rassurant pour l'avenir; car rien ne sera basé sur le droit; il ne s'agira plus que d'une appréciation des circonstances de chaque demande. Surtout, rien qui protége la propagande protestante, l'évangélisation des populations catholiques romaines; car cette évangélisation, que le gouvernement et les Chambres subiraient comme conséquence d'un droit constitutionnel, ne sera jamais consacrée, on le conçoit, par des permissions facultatives. C'est donc l'emprisonnement définitif de notre église dans ses circonscriptions officielles, qui ressort d'une théorie, si prudente en apparence, et qui veut avoir l'air de se réserver l'avenir.

Elle ne s'est pas arrêtée là. Elle a obéi jusqu'au bout aux lois de la logique, qui lui ordonnait d'étendre à tous nos droits, à toutes nos réclamations, le principe d'abandon qu'elle appliquait au droit de libre réunion et aux réclamations qui s'y rapportent. La digne et ferme revendication de notre situation légitime, qui naguère était l'objet de tant d'éloges, a été flétrie du nom de *mendicité inquiète et turbulente.* On a fait les déclarations les plus solennelles, les moins contestables (et ajoutons, les moins contestées) sur la supériorité des travaux qui tendent au développement de notre vie intérieure, comparés à ceux qui ne tendent qu'à la défense de nos droits extérieurs. Parler ainsi, c'était oublier bien des choses. C'était oublier que les hommes qui poussent le plus vivement à la défense des droits, n'ont jamais été les derniers à s'occuper, dans leur faiblesse, du développement de la vie; qu'ils ont reconnu plus fermement, plus hautement que personne, que les droits ne devenaient quelque chose que par la vie, tandis que la vie pouvait se passer de droits quand ils lui étaient refusés, quoiqu'elle dût les conserver et ne pas tenter Dieu en les négligeant ou les laissant périr quand ils existent. C'était oublier que, loin de s'exclure, les efforts qui poursuivent l'évangélisation et ceux qui résistent à l'injustice, procèdent du même principe, se secondent et se réchauffent mutuellement; que c'est la même foi qui donne le courage de répandre l'Evangile, et le courage de passer pour un imprudent ou un fanatique, le courage de sacrifier quelque chose de sa position ou de sa considération temporelle, en posant devant le monde des questions qui le fatiguent; que la foi de l'église d'Ecosse s'est montrée en combattant le patronage laïque, comme elle s'est montrée en fondant des écoles ou des missions ; et que la foi de l'église de France peut se montrer en soutenant et pratiquant le principe de la liberté des cultes, en signalant l'indigne position qu'on fait à ses fidèles dans les établissements mixtes, en luttant contre la tendance funeste qui veut assimiler les intérêts de l'église romaine à ceux du pays entier, comme elle se montre en répandant les Bibles et les traités religieux. C'était oublier que l'évangélisation elle-même, dont on semble faire un rival de la revendication des droits, l'évangélisation a souffert autant qu'elle du trouble jeté dans les esprits. Avant que les idées de découragement eussent pénétré parmi nous ; quand nous y voyions encore clair ; quand nous étions encore unis, quelle était notre résolution unanime ? Qu'avons-nous annoncé alors devant les tribunaux ? Que répétions-nous chaleureusement entre nous ? « Nous ne chercherons pas les occasions de procès ; mais nous n'en déserterons aucune. Il y a des âmes altérées de vérité à Serres et à Senneville ; nous retournerons à Serres et à Senneville. Nous y retournerons, sans nier notre propre droit en sollicitant une permission. Nous irons tenir des réunions évangéliques en cent autres lieux. Nous obéirons à Dieu plutôt qu'aux hommes. » Qui ne sent, à l'ouïe, au souvenir de ce langage, qu'alors on était dans le vrai, dans le simple ; qu'alors on marchait réellement vers la solution, qui se trouve dans l'union intime des déclarations et des faits, de la revendication des droits et du développement de la vie, des pétitions et des prédications, des appels au parlement et des comparutions devant les tribunaux ? Qui ne sent qu'alors on s'appuyait sur un principe élevé, noble, efficace, que les représentations ainsi faites et les condamnations ainsi encourues étaient autant de degrés, sur lesquels, nous tenant tous par la main, nous montions à la liberté ? Mais, on a disserté, on a distingué, on a opposé la vie intérieure et les réclamations extérieures de l'Eglise ; on a fait appel (avec le langage et les sentiments de la foi la plus dévouée, la plus courageuse même) aux dispositions de lâcheté charnelle que les échecs subis au sein des Chambres avaient excitées; et l'on est parvenu à tout entraver, les actes d'abord, les paroles ensuite.

Répétons-le : la vie intérieure passe avant tout. Et cependant, fût-elle absente, on aurait tort de laisser perdre les facultés légales qui lui seront nécessaires un jour, quand elle aura paru. Que penserait-on de la conduite d'un tuteur, qui, sous prétexte que son pupille est jeune et incapable d'user de ses droits, les abandonnerait au premier occupant? L'hypothèse, au reste, est mal fondée en fait, et nous en rendons grâce au Seigneur. Sans s'exagérer les conséquences du réveil qui a eu lieu dans notre Eglise, on doit reconnaître qu'elles sont telles déjà, que les langes de l'autorisation préalable ne peuvent plus nous aller.

Ah! je le confesse avec les chers amis dont je repousse l'énervante doctrine : la vie intérieure n'est pas encore ce qu'elle devrait être chez les chrétiens évangéliques de France. Si elle l'était, on n'oserait pas, on ne pourrait pas poser les questions qu'ils ont posées. On réclamerait, et surtout, on pratiquerait sans hésitation le droit de réunion religieuse. On aurait, sans la chercher, sans la redouter non plus, cette attitude ferme et digne, cette sainte et noble fierté qui sied à une cause comme la nôtre. On ne mesurerait pas avec effroi le chemin parcouru, parcouru depuis une année par ceux même qui voudraient aujourd'hui revenir en arrière, et qui nous sépare tous du régime des humbles sollicitations, des faveurs, des aumônes administratives, et du bon plaisir. Tout en évitant de placer sa confiance dans le texte d'une Charte ou dans les efforts des hommes, tout en regardant à Dieu seul, on maintiendrait avec soin les protections visibles dont il a doté son Evangile; de même que saint Paul n'attendait sa délivrance que du Seigneur, et réclamait néanmoins ses droits de citoyen romain.

J'ose faire ici un appel au bon sens de mes coreligionnaires. Qu'ils échappent à l'influence des subtilités. Qu'ils oublient les thèses philosophiques; et qu'ils se demandent 1° s'il est vrai qu'on puisse vouloir la liberté religieuse pour soi, sans la vouloir pour les autres; 2° s'il est vrai qu'on puisse réserver la liberté des réunions de culte, en demandant la permission de les tenir; 3° s'il est vrai qu'il existe une contradiction quelconque entre le développement de la vie intérieure, et les manifestations difficiles, les manifestations décriées, qu'exige la conservation de nos droits.

Qu'ils veuillent bien examiner aussi les propositions suivantes, dont la simplicité n'est pas moindre :

1° La question de la liberté des cultes a été engagée par des hommes, qui peut-être lui ont sacrifié quelque chose de leur position, de leur avenir politique. Ces hommes ont marché, pensant qu'ils seraient suivis. Ils ont compté, ils ont dû compter sur notre persévérance. Ne leur devons-nous rien ? Ne manquerions-nous à aucun devoir envers eux, en les désavouant par notre abandon ?

2° L'église protestante de France s'est mise en avant. Elle a agi. Elle a réclamé. Son honneur ne serait-il pas compromis, s'il suffisait de quelques murmures pour faire tomber les protestations formulées devant l'administration, devant les tribunaux, devant les Chambres, devant l'opinion ; si ces besoins si profonds, que la liberté seule devait satisfaire, s'évanouissaient en présence du premier obstacle, du premier refus, nous dirons presque, du premier froncement de sourcils ?

3° On parle d'ajourner, afin d'attendre des circonstances plus favorables. Mais les grandes causes se gagnent-elles ainsi ? Attendre le jour où les pairs et les députés protestants seront unanimes, où le gouvernement sera bien disposé, où les Chambres ne seront plus prévenues, où d'autres affaires n'absorberont pas l'attention, où toutes les églises seront énergiques ; attendre le jour enfin où tous les obstacles auront disparu, n'est-ce pas renoncer au débat? Wilberforce aurait-il obtenu l'abolition de la traite, s'il avait attendu l'année où sa proposition serait bien accueillie, s'il ne s'était résigné à heurter longtemps les préjugés du monde, avant de les vaincre?

4° On assure qu'il n'y a aucune chance de succès, en persévérant dans la voie où l'on s'est engagé. Mais est-ce une cause bien compromise, que celle qui n'a pas même été soutenue encore dans les deux Chambres, et qui excite déjà l'intérêt de tous les esprits sérieux? Est-ce une cause bien compromise, que celle qui repose sur le texte de la Charte, commenté il y a quelques années, et commenté dans le sens de la liberté, par les trois branches du pouvoir législatif? Est-ce une cause bien compromise que celle qui ne peut pas ne pas triompher (si elle n'est désertée d'ici-là), lorsque certains hommes reviendront au pouvoir? Et si cette cause est celle de l'Evangile; si elle s'appuie sur l'activité de la propagande protestante; si elle trouve une force nouvelle dans toutes les souffrances que nous endurerons pour prêcher la parole de Dieu dans la France entière; si elle a pour elle les prières des chrétiens et les bénédictions du Seigneur; ne sommes-nous pas coupables d'en désespérer au moindre échec?

5° On semble supposer aussi que la discussion ne viendra pas. Mais est-il au pouvoir de quelqu'un d'empêcher qu'il n'arrive quelques pétitions, assez pour provoquer un rapport, pour ouvrir la lutte? Ne s'agit-il pas uniquement de savoir si cette lutte s'engagera sur la réclamation d'un grand nombre ou d'un petit nombre d'églises; si elle s'engagera avec toutes ses chances; ou si la retraite d'une partie de nos frères assurera la facile défaite de ceux qui seront restés à leur poste de bataille?

Et à présent, que chacun décide selon sa conscience et devant Dieu. Que chacun voie s'il veut accepter sa part de responsabilité dans l'abandon du principe des réunions religieuses libres, c'est-à-dire, du principe même du prosélytisme protestant en France; c'est-à-dire, du principe même de notre existence comme église ; car une église n'existe qu'à la condition de pouvoir croître, et Louis XIV le savait bien, quand, préludant à la révocation de l'édit de Nantes, il ordonnait *de maintenir les réformés de France en l'état où ils étaient.*

Je n'ai dissimulé aucune des difficultés qui nous attendent. Je n'annonce pas de prochains triomphes. Je pense que notre cause rencontrera encore la contradiction et le mépris. Mais je crois aussi qu'elle est bonne. Je crois qu'elle est fondée à la fois (c'est un grand privilége) et sur le droit que les hommes ont écrit dans les codes, et sur le droit éternel que Dieu a gravé dans les cœurs. Loin donc de nous livrer au découragement, regardons à notre capitaine, et disons avec David : « C'est toi, Eternel, qui sauves le peuple affligé et qui abaisses les yeux des superbes.... Avec toi, je me jetterai sur toute une troupe; et avec mon Dieu, je franchirai la muraille.... Car qui est Dieu sinon l'Eternel ? Et qui est un rocher sinon notre Dieu ? »

Je viens de parler avec une force qu'expliquent la gravité de la situation, l'urgence des mesures à prendre, et le péril de l'irrésolution qu'on a voulu propager. Au reste, la franchise de mon langage n'exclut en aucune manière les sentiments de vieille et fraternelle affection que j'ai voués aux personnes dont les attaques imprévues ont motivé ces explications.

J'espère que, parmi les membres de nos églises qui ont adhéré à la *Société des Intérêts généraux*, ou qui s'y sont rattachés indirectement depuis qu'elle a cessé de demander et de publier des adhésions, c'est-à-dire, parmi ceux qui ont confessé le Dieu Sauveur et qui se confient en lui seul, parmi ceux qui ont proclamé leur attachement à l'église de France, parmi ceux qui ont reconnu hautement la nécessité de défendre ses libertés et ses droits compromis, parmi ceux qui se sont solennellement engagés à prendre leur part de l'œuvre difficile à laquelle le Conseil de cette Société s'est consacré; il ne trouvera personne qui lui refuse un concours qu'il a sollicité par une récente circulaire, et sur lequel il a besoin de compter. Ce serait le refuser que de renoncer aux réunions évangéliques à cause des procès, ou de solliciter l'autorisation de les tenir. Ce serait le refuser aussi, que de ne pas préparer sur le champ et de ne pas faire couvrir de signatures aussi nombreuses que possible, des pétitions destinées à remplacer celles de la dernière session. Adressées à Paris, avant le 26 décembre, elles ne courront pas le danger d'être écartées et annullées comme les précédentes. Rédigées en termes graves, respectueux, étrangères à l'esprit de parti, elles se distingueront honorablement de la plupart des requêtes sur lesquelles les Chambres ont à prononcer, et inspireront un respect involontaire à ceux mêmes qui voudront les combattre. Dictées par un attachement aussi vif pour l'ordre que pour la liberté, elles réclameront, dans ce double intérêt, une loi qui règle, conformément à la Charte, l'exercice des droits précieux que consacre son article 5.

Me sera-t-il permis, en finissant, de dire aussi aux personnes qui ont refusé leur concours à la Société, et auxquelles je ne me sens pas le droit d'adresser des invitations aussi directes, quoiqu'elles n'aient cessé d'occuper une place dans mon affection chrétienne et dans mes prières, que je ne doute pas de trouver beaucoup d'entre elles fidèles à la cause qu'elles ont déjà soutenue avec conviction.

Que, dans cette circonstance si importante, la grâce du Seigneur Jésus-Christ, l'amour de Dieu, et la communication du Saint-Esprit, soient avec nous tous. Amen.

A. DE GASPARIN.

IMPRIMERIE DE C.-H. LAMBERT, RUE BASSE-DU-REMPART, 24.

www.ingramcontent.com/pod-product-compliance
Lightning Source LLC
LaVergne TN
LVHW010315230826
846091LV00009B/3674
* 9 7 8 2 0 1 3 5 5 4 3 8 1 *